I0402890

Grande lecture
Edition

Retrouvez dans cet ouvrage plus de 200 designs de roses afin de vous inspirer pour votre futur tatouage.

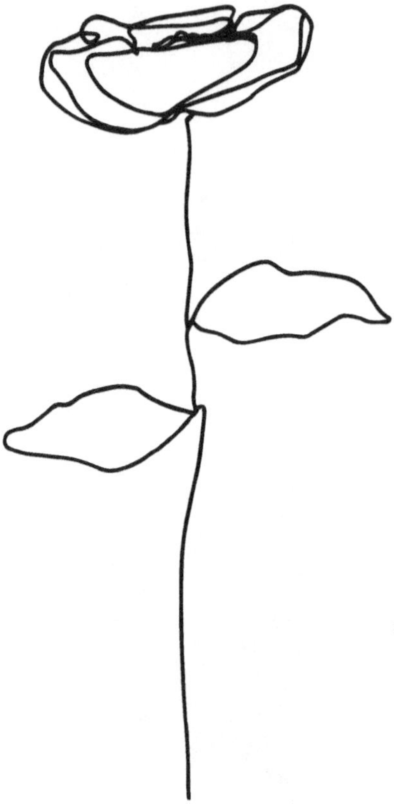

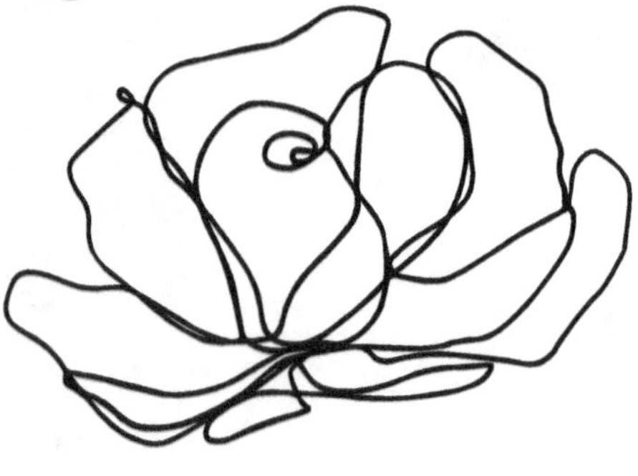

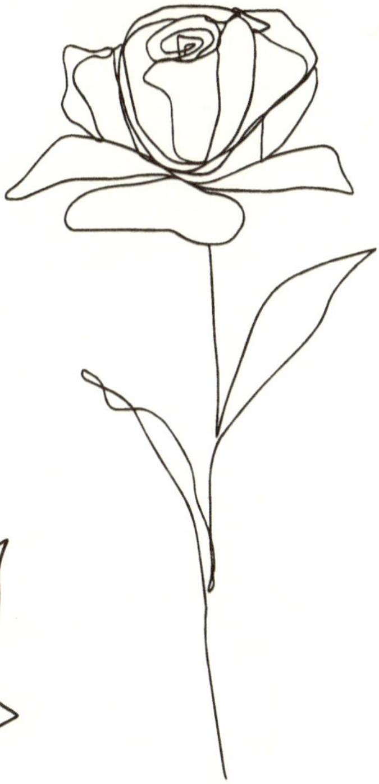

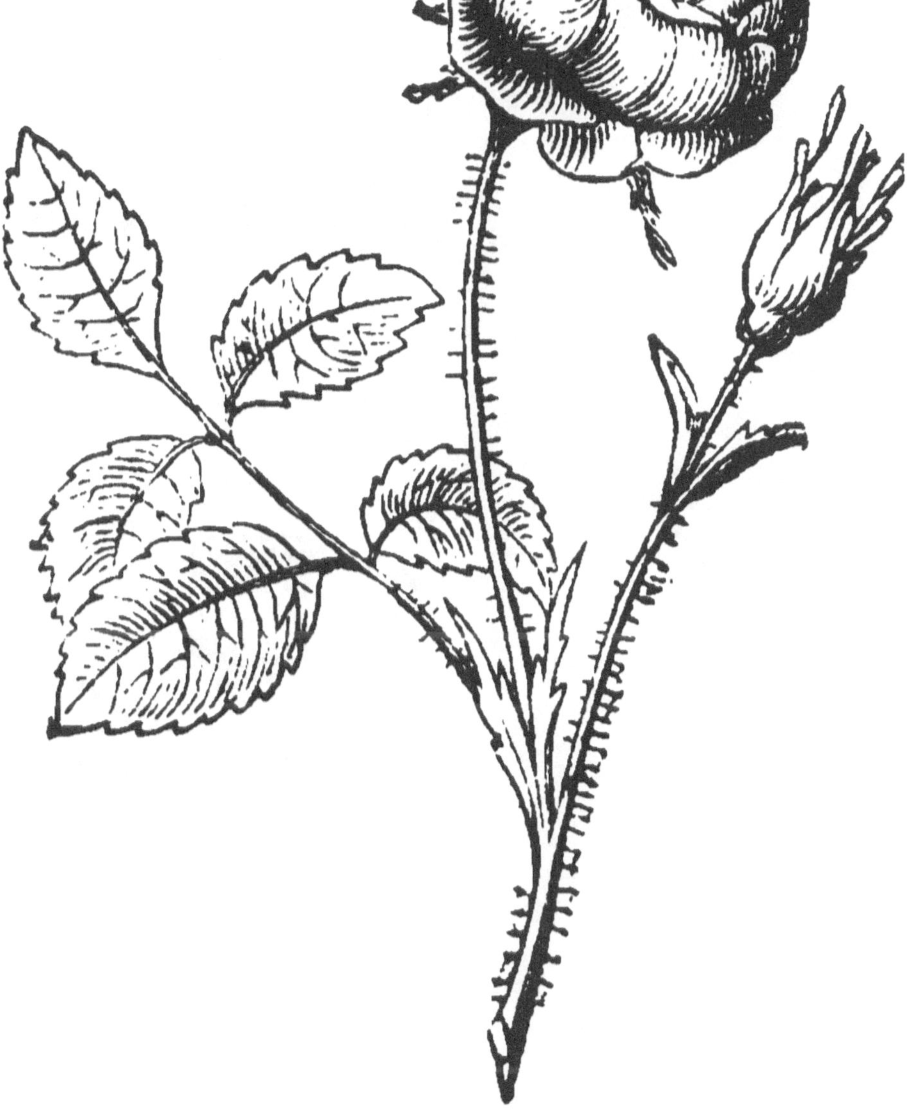

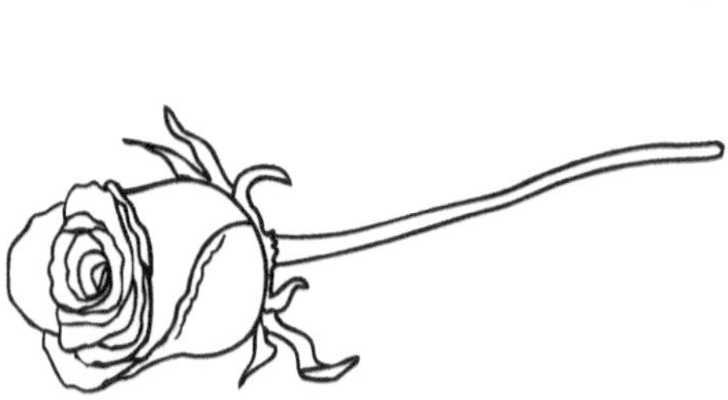

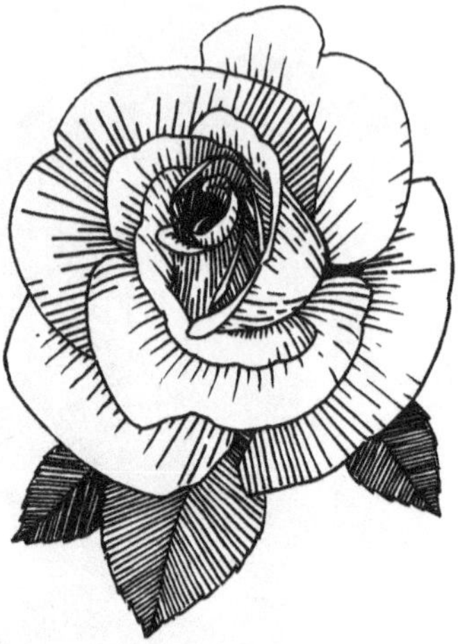

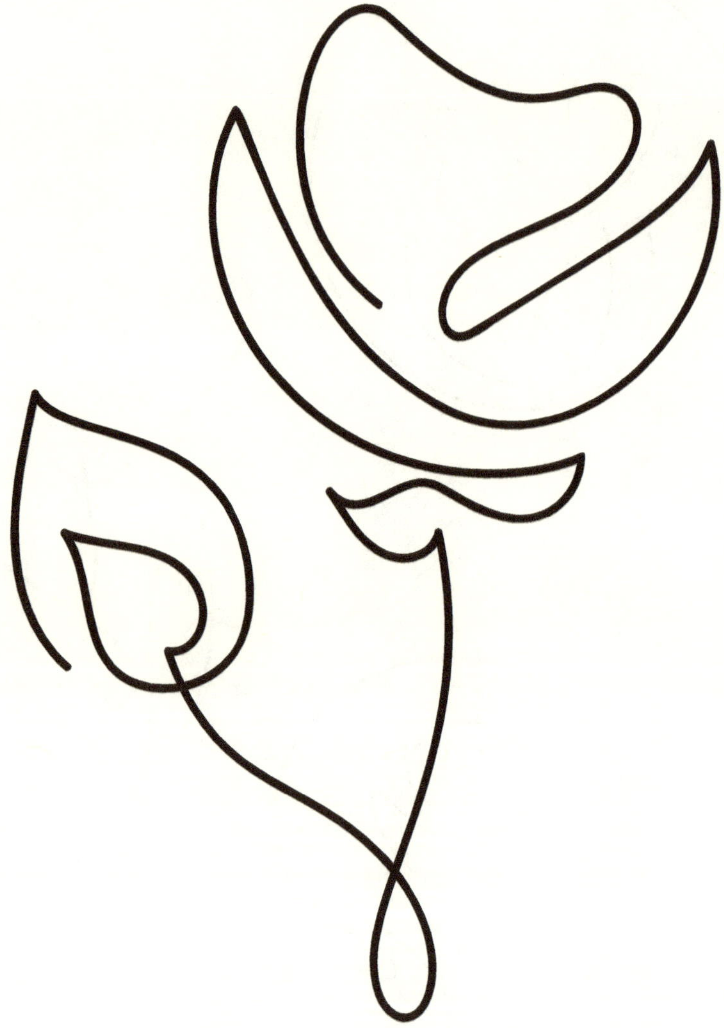

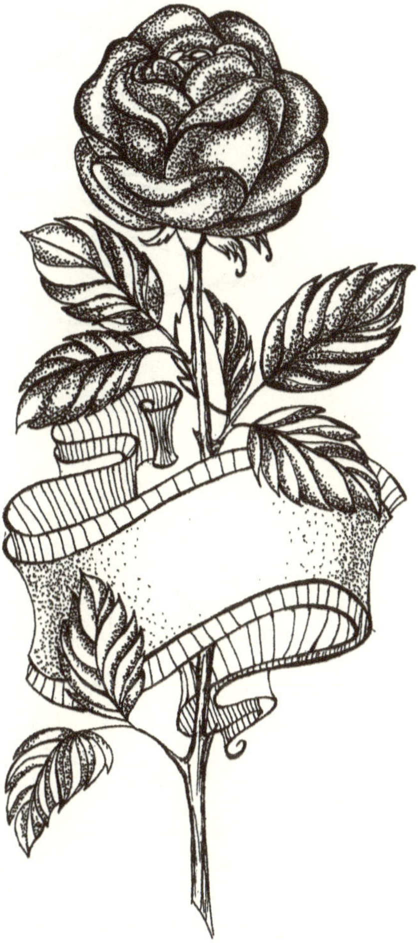

www.ingramcontent.com/pod-product-compliance
Lightning Source LLC
Chambersburg PA
CBHW020605220526
45463CB00006B/2452
9798657121360